NICO STANITZOK

SAUCEN

FOTOGRAFIE: VIVI D'ANGELO, COCO LANG

INHALT

Öffnen Sie die Klappen dieses Buches.
Dort finden Sie die wichtigsten Infos zum Thema auf einen Blick!

DAS PRINZIP:
SAUCE

DIE PERFEKTE
KOMBI

Immer griffbereit:

SO GEHT'S:
SAUCEN-BASICS

Immer griffbereit:

SO GEHT'S:
SAUCE RETTEN

GU CLOU

Wussten Sie schon, dass ...?
Entdecken Sie bei einigen ausgewähl-
ten Rezepten ganz besondere Tipps
mit verblüffendem Insiderwissen.
Aha-Momente garantiert!

Mit diesem Symbol sind alle vegetarischen
Saucen gekennzeichnet.

Die Backzeiten können je nach Herd variieren. Unsere Temperaturangaben beziehen
sich auf das Backen im Elektroherd mit
Ober- und Unterhitze.

Sammeln Ihrer Lieblingsrezepte
mit der »GU Kochen Plus«-App
(siehe S. 64)

REZEPTKAPITEL

06 ZU SALAT

16 ZU PASTA

30 ZU FLEISCH, FISCH & GEMÜSE

50 ZU DESSERT & SÜSSSPEISE

NICO STANITZOK

Wenn es um Sauce geht, ist Nico ein Meister seines Fachs. Für den klassisch ausgebilde-ten Koch ist Sauce einfach unverzichtbar. Er würde nie auf die Idee kommen, Salat ohne selbst gerührtes Dressing zu genießen. Und auch Pasta, Fleisch, Gemüse oder Eis kommen bei ihm nur mit hausgemachter Sauce auf den Tisch.

Was können Saucen?

Eine Sauce gibt den neutralen oder trockenen Komponenten eines Gerichts Geschmack, Feuchtigkeit oder beides zu-sammen. Man unterscheidet warme, gekochte und kalt gerührte Saucen. Daneben gibt es Grundsaucen wie zum Beispiel Bratensauce oder Béchamel.

Was möchte ich Ihnen hier zeigen?

Eigentlich, dass sich das Selbstkochen immer lohnt. Ich bereite sogar die Grund-saucen selbst zu. Bei der Bratensauce dauert das sei-ne Zeit, aber die Variante in Pulverform ist geschmacklich keine Alternative. Auch Hollandaise oder Bécha-mel schmecken frisch gekocht viel besser als aus dem Tütchen. Ob kalt oder warm, klassisch oder

trendy – ich habe eine breite Auswahl an Saucen zusammengestellt, je nachdem, wonach Ihnen gerade der (Geschmacks-)Sinn steht. Da finden Sie schnell Ihren Liebling zu Pasta, Fleisch, Fisch oder zum Salat am Abend. Und Ihr Dessert krönen Sie mit einer süßen Sauce.

Frisch oder vorbereitet?

Saucen eignen sich beson-ders gut für Meal Prep. Ein Dressing hält sich gekühlt bis zu 3 Tage. Wenn es dann mal schnell gehen muss, ist eine frische Salatmischung aus dem Supermarkt mit dem vorbereiteten Dressing in Windeseile angemacht. Glei-ches gilt für fix gekochte Pasta oder kurz gebratene Steaks – die Sauce dazu wartet vorgekocht im Kühlschrank. Klingt das nicht nach einer entspannten Mahlzeit?

PESTO MIT 5 ZUTATEN

1 Handvoll Basilikumblätter
waschen und trocken tupfen.

3 Knoblauchzehen
schälen.

30 g Parmesan grob
zerkleinern.

Zutaten mit 3 EL Pinienkernen
und 80 ml Olivenöl in einen
hohen Rührbecher geben.

*Alles mit dem Pürierstab
fein mixen. Das Pesto mit
Salz und Pfeffer abschme-
cken und servieren oder
zum Aufbewahren in einen
luftdichten Behälter füllen.
Im Kühlschrank hält es sich
ca. 1 Woche. Passt zu Spaghetti oder Steak und reicht
für 4 Personen.*

ZU SALAT

AVOCADO-JOGHURT-DRESSING 🌿

ZUM BRUNCH

1 reife Avocado (z. B. Hass)
2 Knoblauchzehen
10 Basilikumblätter
3 EL Weißweinessig
60 g Joghurt
40 ml Olivenöl
1 EL Zucker
1 TL mittelscharfer Senf
Salz, Pfeffer
2 TL rosa Pfefferbeeren

1 Die Avocado halbieren, entkernen und das Fruchtfleisch mit einem Löffel aus der Schale heben. Knoblauch schälen und grob schneiden, Basilikumblätter waschen und trocken tupfen.

2 Avocadofruchtfleisch, Knoblauch und Basilikum in einen hohen Rührbecher geben. Essig, Joghurt, Öl, Zucker, Senf, ½ TL Salz, 2 Prisen Pfeffer und 50 ml Wasser zufügen.

3 Alles mit dem Pürierstab fein mixen, bis ein gebundenes Dressing entsteht. Zuletzt die Pfefferbeeren unterrühren, das Dressing in eine Schale füllen und servieren. Das Dressing passt zu herben Blattsalaten wie Radicchio und Chicorée.

GUT ZU WISSEN

Damit dieses Dressing gelingt, braucht es eine reife Avocado. Beim Kauf sind Avocados jedoch meist noch unreif. Zum Nachreifen die Frucht mit einem Apfel in einer Papiertüte in die Küche legen. Der Apfel verströmt das Gas Ethylen, das die Avocado in 3–4 Tagen reif werden lässt.

Für 4 Personen • 25 Min. Zubereitung • Pro Portion ca. 405 kcal, 5 g E, 39 g F, 7 g KH

PISTAZIEN-LIMETTEN-DRESSING

RAFFINIERT

60 g geröstete Pistazien
  (gesalzen)
3 Stängel glatte Petersilie
3 Stängel Koriandergrün
1 kleine rote Chilischote
2 Knoblauchzehen
3 Limetten
1 reife Avocado (z. B. Hass)
80 ml Olivenöl
1 EL Zucker
Salz

1 Die Pistazienkerne aus der Schale lösen. Petersilie und Koriander waschen, trocken schütteln und samt Stängeln grob schneiden. Chili waschen, halbieren, weiße Trennwände und Kerne entfernen. Die Hälften grob hacken. Knoblauch schälen und grob schneiden.

2 Die Limetten auspressen. Die Avocado halbieren, entkernen und das Fruchtfleisch aus der Schale lösen.

3 Pistazien, Kräuter, Chili, Knoblauch, Limettensaft und Avocadofruchtfleisch in einen hohen Rührbecher geben. Öl, Zucker, ½ TL Salz und 100 ml Wasser zufügen. Alles mit dem Pürierstab fein mixen, bis ein gebundenes Dressing entsteht. Das Dressing passt zu Salaten aus Sellerie, Möhren oder anderem Wurzelgemüse.

Für 4 Personen • 10 Min. Zubereitung • Pro Portion ca. 275 kcal, 2 g E, 25 g F, 9 g KH

GERÖSTETES PAPRIKADRESSING

ORIENTALISCH

200 g geröstete Paprika (aus dem Glas)
1 Knoblauchzehe
2 EL Zitronensaft
½ TL gemahlener Kreuzkümmel
1 EL Zucker
Salz
80 ml Olivenöl
30 g Walnusskerne

1 Die Paprikaschoten in ein Sieb abgießen und kurz abtropfen lassen. Die Paprika dann in grobe Stücke schneiden. Den Knoblauch schälen und grob schneiden.

2 Paprikastücke, Knoblauch, Zitronensaft, Kreuzkümmel, Zucker und ½ TL Salz in einen hohen Rührbecher geben. Alles mit dem Pürierstab mixen, bis sich der Zucker aufgelöst hat.

3 Öl und Walnüsse zufügen und weitermixen, bis ein feines, gebundenes Dressing entsteht. Das Dressing passt zu Fleischsalat aus gekochtem Rindfleisch oder zu Nudelsalat.

Für 4 Personen • 20 Min. Zubereitung •
Pro Portion ca. 230 kcal, 2 g E, 21 g F, 10 g KH

Für 4 Personen • 35 Min. Zubereitung •
Pro Portion ca. 255 kcal, 0 g E, 24 g F, 9 g KH

ORANGEN-MISO-DRESSING ◖

AUS JAPAN

2 Orangen • 1 Stück Ingwer (3 cm lang) •
2 EL Misopaste (Asienladen) • 3 EL Reisessig •
1 EL Honig • Salz, Pfeffer • 80 ml Rapsöl

1 Die Orangen auspressen, den Ingwer schälen und fein reiben. Orangensaft, Ingwer, Misopaste, Essig, Honig, ½ TL Salz und 2 Prisen Pfeffer in eine Schüssel geben.

2 Alles mit dem Schneebesen verrühren, bis sich das Salz aufgelöst hat. Dann das Öl langsam in einem dünnen Strahl zulaufen lassen und dabei ständig weiterrühren. Das Dressing passt zu Nudel- oder Reissalat und besonders zu asiatischem Glasnudelsalat mit Gemüse und Pilzen.

ERDBEER-MINZ-DRESSING ◖

FÜRS BÜFETT

150 g TK-Erdbeeren • 15 Minzeblätter • 1 Knob-
lauchzehe • 3 EL Sherryessig • 80 ml Olivenöl •
1 EL Mayonnaise • 1 EL Honig • Salz, Pfeffer

1 Die Erdbeeren in einen hohen Rührbecher geben und ca. 30 Min. antauen lassen. Inzwischen Minzeblätter waschen und trocken tupfen, Knoblauch schälen und grob schneiden.

2 Minzeblätter und Knoblauch zu den Erdbeeren geben. Essig, Öl, Mayonnaise, Honig, ½ TL Salz und 2 Prisen Pfeffer zufügen. Dann alles mit dem Pürierstab zu einem gebundenen Dressing mixen. Ist das Dressing zu fest, noch etwas Wasser untermixen. Das Dressing passt zu Spargelsalat mit Römersalatherzen.

Für 4 Personen • 20 Min. Zubereitung •
Pro Portion ca. 275 kcal, 2 g E, 26 g F, 8 g KH

Für 4 Personen • 20 Min. Zubereitung •
Pro Portion ca. 240 kcal, 2 g E, 22 g F, 7 g KH

ORANGEN-WALNUSS-DRESSING ◊

AUS FRANKREICH

4 EL Walnusskerne • 4 EL Orangensaft •
2 EL Sherryessig • 1 EL Zucker • 1 TL mittel-
scharfer Senf • Salz, Pfeffer • 4 EL Olivenöl •
4 EL Walnussöl

1 Die Walnusskerne mit einem Messer klein hacken. Orangensaft, Essig, Zucker, Senf, ½ TL Salz und 3 Prisen Pfeffer in einen hohen Rührbecher geben. Alles mit dem Pürierstab mixen, bis sich der Zucker aufgelöst hat.

2 Olivenöl, Walnussöl und Walnüsse zufügen und alles zu einem gebundenen Dressing mixen. Das Dressing passt zu Quinoasalat und zu Salaten aus anderen Pseudogetreiden.

HUMMUS-DRESSING ◊

LAKTOSEFREI

80 g Kichererbsen (aus der Dose) • 2 Knoblauch-
zehen • 1 EL Tahin (Sesampaste) • 4 EL Zitro-
nensaft • 80 ml Olivenöl • 1 EL Zucker • Salz •
Cayennepfeffer

1 Die Kichererbsen in ein Sieb abgießen, kalt abspülen und abtropfen lassen. Knoblauch schälen und grob schneiden. Kichererbsen und Knoblauch in einen hohen Rührbecher geben. Tahin, Zitronensaft, Öl, Zucker, ½ TL Salz, 2 Prisen Cayennepfeffer und 4 EL Wasser zufügen.

2 Alles mit dem Pürierstab zu einem gebundenen Dressing mixen. Ist das Dressing zu fest, noch etwas Wasser untermixen. Das Dressing passt zu Salat mit Feigen und Ziegenkäse oder in festerer Konsistenz als Dip zu Gemüsesticks.

Für 4 Personen • 15 Min. Zubereitung • Pro Portion ca. 175 kcal, 2 g E, 16 g F, 7 g KH

CREMIGES KRÄUTERDRESSING

FRÜHLINGS-REZEPT

4 Stängel glatte Petersilie
3 Stängel Estragon
2 Frühlingszwiebeln
2 Knoblauchzehen
3 Sardellen (aus dem Glas)
4 EL Kräuteressig (ersatzweise
  Weißweinessig)
50 g Mayonnaise
50 g Joghurt
2 EL Kürbiskernöl
1 EL Zucker
Salz

1 Petersilie waschen, trocken schütteln und mit einem Geschirrtuch trocken tupfen. Die Petersilie dann samt Stängeln in 2 cm große Stücke schneiden. Estragon waschen, trocken schütteln und die Blätter abzupfen.

2 Frühlingszwiebeln putzen, waschen und in 1 cm breite Ringe schneiden. Knoblauch schälen und grob schneiden, Sardellen etwas kleiner schneiden.

3 Petersilie, Estragon, Frühlingszwiebeln, Knoblauch und Sardellen in einen hohen Rührbecher geben. Essig, Mayonnaise, Joghurt, Öl, Zucker und ½ TL Salz zufügen. Alles mit dem Pürierstab cremig mixen. Das Dressing passt zu Geflügelsalat oder zu gemischten Blattsalaten mit Hähnchenbrust.

TAUSCH-TIPP
Probieren Sie das Dressing auch einmal mit Kerbel, Schnittlauch, Dill oder Bärlauch. Je nach Saison ändert sich so sein Aroma.

ZU PASTA

Für 4 Personen • 25 Min. Zubereitung • Pro Portion ca. 135 kcal, 6 g E, 3 g F, 20 g KH

ROTE-BOHNEN-SUGO 🍃

VEGAN

1 Dose Kidneybohnen
  (265 g Abtropfgewicht)
2 Knoblauchzehen
2 Schalotten
1 fingerlange rote Chilischote
1 EL Rapsöl
2 EL Tomatenmark
1 EL Rohrohrzucker
1 TL getrockneter Oregano
2 EL feine Haferflocken
Salz, Pfeffer

TAUSCH-TIPP

Lieber mit Fleisch? Dann tauschen Sie die Bohnen gegen 240 g Rinderhackfleisch. Dieses mit Knoblauch, Schalotten und Chili im heißen Öl krümelig braten. Tomatenmark, Zucker, Oregano, Flocken und Wasser zugeben und bei mittlerer Hitze 10–15 Min. kochen.

1 Kidneybohnen in ein Sieb abgießen, kalt abspülen und kurz abtropfen lassen. Die Bohnen dann in eine Schüssel füllen und mit einem Kartoffelstampfer oder einer Gabel in ca. 5 mm große Stücke zerdrücken.

2 Knoblauch und Schalotten schälen und fein hacken. Chilischote waschen, halbieren, weiße Trennwände und Kerne entfernen. Die Hälften sehr fein schneiden.

3 Das Öl in einer Schmorpfanne erhitzen. Knoblauch, Schalotten und Chili darin bei mittlerer Hitze ca. 15 Sek. anschwitzen. Bohnen, Tomatenmark, Zucker, Oregano und 350 ml Wasser einrühren. Den Sugo abgedeckt bei schwacher Hitze ca. 5 Min. unter gelegentlichem Rühren köcheln lassen.

4 Danach die Haferflocken unterrühren und den Sugo noch ca. 5 Min. weiterköcheln lassen. Dabei wieder gelegentlich umrühren. Den Sugo mit Salz und Pfeffer abschmecken und servieren. Der Sugo passt nicht nur zu Pasta, Reis oder Brot, sondern macht auch als Dip zu Tortillachips oder als Füllung in Enchiladas eine gute Figur.

Für 4 Personen • 25 Min. Zubereitung • Pro Portion ca. 200 kcal, 2 g E, 14 g F, 10 g KH

WODKA-SAUCE

MIT ALKOHOL

2 Knoblauchzehen
2 Schalotten
10 Basilikumblätter
1 EL Olivenöl
1 EL Butter
50 ml Wodka
100 ml Geflügelbrühe
1 Dose stückige Tomaten
   (400 g)
1 EL Zucker
Salz, Pfeffer
100 g Sahne

1 Knoblauch schälen und fein hacken. Schalotten schälen und in feine Würfel schneiden. Basilikumblätter waschen und auf einem Geschirrtuch abtropfen lassen.

2 Öl und Butter in einer Stielkasserolle erhitzen. Knoblauch und Schalotten darin bei mittlerer Hitze in ca. 2 Min. unter Rühren goldbraun anbraten. Mit dem Wodka ablöschen und diesen ca. 3 Min. einkochen lassen. Brühe und Tomaten zugeben und mit Zucker, ½ TL Salz und ¼ TL Pfeffer würzen. Alles aufkochen und bei schwacher Hitze ca. 5 Min. unter gelegentlichem Rühren köcheln lassen.

3 Danach die Sahne zugießen, die Sauce wieder zum Köcheln bringen und sofort vom Herd nehmen. Die Basilikumblätter grob zerpflücken und in die Sauce rühren. Mit Salz und Pfeffer abschmecken und servieren. Die Sauce passt zu Spaghetti oder Makkaroni.

Für 4 Personen • 20 Min. Zubereitung • 1 Std. Auftauen • Pro Portion ca. 180 kcal, 7 g E, 15 g F, 4 g KH

RICOTTA-SPINAT-SAUCE

EINFACH

100 g gehackter TK-Spinat
2 Knoblauchzehen
2 EL Olivenöl
200 ml Milch (3,5 % Fett)
200 g Ricotta
Salz, Pfeffer
frisch geriebene Muskatnuss

1 Den tiefgekühlten Spinat in ein Sieb geben. In ca. 1 Std. auftauen und dabei abtropfen lassen.

2 Den Knoblauch schälen und fein hacken. Das Öl in einer Stiel-kasserolle erhitzen und den Knoblauch darin bei schwacher Hitze ca. 2 Min. anschwitzen, jedoch nicht bräunen. Milch und Ricotta zugeben und glatt rühren. Die Sauce dann bei mittlerer Hitze 3–4 Min. unter Rühren kochen lassen.

3 Den Spinat unterrühren und die Sauce nochmals kurz aufkochen lassen. Den Topf vom Herd nehmen und die Sauce mit ¼ TL Salz, 2 Prisen Pfeffer und Muskatnuss abschmecken und servieren. Dazu passen kurze Nudeln wie Penne oder Rigatoni.

AUBERGINEN-BOLOGNESE 🌿

VEGAN

1 Aubergine
1 rote Zwiebel
2 Knoblauchzehen
3 Stangen Staudensellerie
150 g Möhren
2 EL Olivenöl
1 Dose stückige Tomaten (400 g)
50 g rote Linsen
½ TL getrockneter Oregano
½ TL getrockneter Thymian
Salz, Pfeffer

HALTBARKEITS-TIPP

Diese Sauce eignet sich gut für den Vorrat. Dafür heiß in sterilisierte Gläser füllen, verschließen und im Kühlschrank lagern oder portionsweise tiefkühlen. So ist sie ca. 1 Monat haltbar.

1 Den Backofen auf 250° vorheizen. Die Aubergine waschen und mit einem spitzen Messer mehrmals rundum einstechen. Die Frucht auf ein Backblech legen und im Ofen (Mitte) ca. 30 Min. backen, bis sie weich ist. Die Aubergine aus dem Ofen nehmen und lauwarm abkühlen lassen.

2 In der Zwischenzeit die Zwiebel schälen und vierteln, Knoblauch schälen. Sellerie waschen, putzen und die Stangen in 3 cm lange Stücke schneiden. Möhren schälen und in 2 cm große Stücke schneiden. Zwiebel, Knoblauch und Gemüse im Mixer in mehreren Portionen auf Reiskorngröße zerkleinern oder mit einem Messer in kleine Stücke schneiden.

3 Das Öl in einer Schmorpfanne erhitzen und das Gemüse darin bei starker Hitze ca. 3 Min. unter Rühren anbraten. Tomaten, Linsen, Oregano, Thymian und 200 ml Wasser einrühren.

4 Die Aubergine längs halbieren. Das Fruchtfleisch mit einem Löffel von der Haut schaben und fein hacken.

5 Das Auberginenfruchtfleisch zum Gemüse geben, mit 1 TL Salz und ¼ TL Pfeffer würzen und alles offen bei schwacher Hitze ca. 35 Min. köcheln lassen. Dabei gelegentlich umrühren. Die Sauce mit Salz abschmecken und servieren. Die Bolognese passt zu Penne oder als Füllung in eine Lasagne.

Für 4 Personen • 20 Min. Zubereitung • 15 Min. Garen • Pro Portion ca. 145 kcal, 3 g E, 8 g F, 14 g KH

FENCHEL-CAPONATA 🌿

AUS SIZILIEN

200 g Fenchel
2 Knoblauchzehen
1 rote Chilischote
4 Stängel glatte Petersilie
1 Zitrone
20 g Pinienkerne
2 EL Olivenöl
1 Dose stückige Tomaten
    (400 g)
2 TL Kapern (aus dem Glas)
2 EL Zucker
Salz, Pfeffer

1 Fenchel waschen, putzen und das Grün beiseitelegen. Die Knolle halbieren und den Strunk keilförmig herausschneiden. Die Hälften in 1 cm große Würfel schneiden. Knoblauch schälen und fein hacken. Chili waschen, halbieren, weiße Trennwände und Kerne entfernen. Die Hälften in feine Streifen schneiden.

2 Petersilie waschen, trocken schütteln und hacken. Zitrone auspressen. Pinienkerne in einer Pfanne ohne Öl rösten, bis sie duften.

3 Das Öl in einer Schmorpfanne erhitzen und den Fenchel darin bei mittlerer Hitze ca. 2 Min. anschwitzen. Knoblauch und Chili ca. 1 Min. mit anschwitzen. Zitronensaft, Tomaten, Kapern, Zucker und 200 ml Wasser einrühren. Bei mittlerer Hitze ca. 15 Min. kochen lassen, dabei gelegentlich umrühren. Die Sauce mit 1 TL Salz und 2 Prisen Pfeffer würzen. Petersilie und Pinienkerne einrühren und mit dem Fenchelgrün bestreuen. Dazu passen Orecchiette.

Für 4 Personen • 20 Min. Zubereitung • Pro Portion ca. 335 kcal, 9 g E, 28 g F, 10 g KH

ZITRONEN-LACHS-SAUCE

FÜR GÄSTE

100 g Räucherlachs
2 Bio-Zitronen
50 g Butter
2 EL Mehl
1 EL Zucker
150 g Sahne
Salz, Pfeffer

1 Lachs in 5 mm breite Streifen schneiden. Zitronen heiß abwaschen und abtrocknen. Die Schale abreiben und ½ Zitrone auspressen.

2 Die Butter in einer Stielkasserolle erhitzen und die Zitronenschale darin bei schwacher Hitze ca. 30 Sek. unter Rühren erhitzen. Das Mehl mit dem Schneebesen einrühren, bis es sich vollständig mit der Butter verbunden hat. Zucker und 150 ml kaltes Wasser zugeben und mit der Mehlschwitze verrühren. Alles bei mittlerer Hitze unter Rühren aufkochen und ca. 1 Min. kochen lassen.

3 Danach die Sahne in die Sauce rühren und kurz erhitzen, jedoch nicht mehr kochen lassen. Vom Herd nehmen und Zitronensaft und Lachsstreifen einrühren. Die Sauce mit Salz und Pfeffer abschmecken und zu Tortellini mit Ricotta-Füllung servieren.

Für 4 Personen • 20 Min. Zubereitung • Pro Portion ca. 440 kcal, 25 g E, 33 g F, 5 g KH

GARNELEN-WEISSWEIN-SAUCE

MIT ALKOHOL

300 g rohe geschälte Riesen-
garnelen (z. B. Black Tiger,
ersatzweise TK-Garnelen)
4 Scheiben Frühstücksspeck
80 g Parmesan
2 Tomaten
4 Stängel glatte Petersilie
2 Knoblauchzehen
100 ml Geflügelbrühe
100 ml trockener Weißwein
300 g Sahne
2 TL Dijonsenf
Salz, Pfeffer

1 Garnelen waschen, trocken tupfen und längs halbieren (TK-Garnelen vorher nach Packungsangabe auftauen lassen). Speck quer in dünne Streifen schneiden, Parmesan fein reiben. Tomaten waschen, vierteln, entkernen und dabei den Stielansatz entfernen. Die Viertel dann in feine Würfel schneiden. Petersilie waschen, trocken schütteln und fein schneiden. Knoblauch schälen und fein hacken.

2 Eine Schmorpfanne erhitzen und den Speck darin bei mittlerer Hitze ca. 2 Min. unter gelegentlichem Rühren anbraten. Garnelen und Knoblauch ca. 1 Min. mitbraten. Mit Brühe und Weißwein aufgießen und bei starker Hitze ca. 4 Min. reduzieren lassen.

3 Sahne und Senf einrühren und die Sauce bei mittlerer Hitze aufkochen, bis sich erste Blasen bilden. Sofort vom Herd nehmen, Käse, Petersilie und Tomaten einrühren. Die Sauce mit Salz und Pfeffer abschmecken und zu Linguine oder Tagliatelle servieren.

Für 4 Personen • 20 Min. Zubereitung • 20 Min. Auftauen • Pro Portion ca. 195 kcal, 11 g E, 11 g F, 7 g KH

MARINARA-SAUCE MIT PULPO

AUS ITALIEN

200 g TK-Tintenfischtuben (küchenfertig)
1 rote Zwiebel
2 Knoblauchzehen
4 EL Olivenöl
120 ml Weißwein
1 Dose stückige Tomaten (400 g)
80 g Tomatenmark
1 TL getrockneter Oregano
1 EL getrocknetes Basilikum
Salz, Pfeffer

1 Die tiefgekühlten Tintenfischtuben in 500 ml warmes Wasser legen und in ca. 20 Min. auftauen lassen. Danach herausnehmen und mit Küchenpapier trocken tupfen. Die Tuben längs halbieren und quer in 5 mm breite Streifen schneiden.

2 Die Zwiebel schälen, halbieren und in Streifen schneiden. Knoblauch schälen und fein hacken.

3 Das Öl in einer Schmorpfanne erhitzen. Tintenfisch, Zwiebel und Knoblauch darin bei starker Hitze ca. 2 Min. unter Rühren anbraten. Mit Wein ablöschen, aufkochen und ca. 3 Min. stark kochen lassen. Tomaten und Tomatenmark einrühren. Die Sauce mit Oregano, Basilikum, 1 TL Salz und ½ TL Pfeffer würzen und bei mittlerer Hitze noch ca. 5 Min. kochen lassen. Dazu passen Röhrennudeln wie Tortiglioni.

RINDERRAGOUT MIT KÜRBIS

FÜR GÄSTE

250 g Rinderschulter ohne
   Knochen
2 Frühlingszwiebeln
2 Knoblauchzehen
1 EL Butter
Salz, Pfeffer
2 EL Mehl
250 g Hokkaido-Kürbis
10 Salbeiblätter
100 g Sahne

TAUSCH-TIPP

Für Abwechslung im Ragout sorgen Wurzelgemüse wie Pastinaken oder Petersilienwurzeln statt Kürbis. Sie bringen gleich noch ein feinwürziges Aroma mit. Die Wurzeln wie beschrieben würfeln und mitgaren.

1 Das Fleisch abbrausen, trocken tupfen und in 1,5 cm große Würfel schneiden. Frühlingszwiebeln putzen und waschen. Den grünen Teil in 1 cm breite Ringe schneiden. Den weißen Teil längs halbieren und quer in 2 mm breite Streifen schneiden. Knoblauch schälen und fein hacken.

2 Butter in einem Schmortopf erhitzen. Fleisch, Frühlingszwiebelstreifen und Knoblauch darin bei mittlerer Hitze ca. 3 Min. unter Rühren anschwitzen. Dabei mit ½ TL Salz und ¼ TL Pfeffer würzen. Das Mehl einrühren und ca. 1 Min. anschwitzen. Dann 450 ml kaltes Wasser zugießen und das Ragout abgedeckt bei schwacher Hitze ca. 35 Min. köcheln lassen.

3 In der Zwischenzeit den Kürbis waschen, die Kerne herausschaben und das Fruchtfleisch in 1,5 cm große Würfel schneiden. Salbeiblätter waschen, trocken tupfen und in feine Streifen schneiden. Die Kürbiswürfel zum Ragout geben und alles abgedeckt ca. 20 Min. weitergaren.

4 Danach den Herd ausschalten. Sahne, Salbei und Frühlingszwiebelgrün in die Sauce rühren und ca. 2 Min. darin erwärmen. Das Ragout mit Salz und Pfeffer abschmecken und zu Bandnudeln oder Spätzle servieren.

ZU FLEISCH, FISCH & GEMÜSE

Für 4 Personen • 20 Min. Zubereitung • Pro Portion ca. 140 kcal, 2 g E, 5 g F, 21 g KH

PFIRSICH-HABANERO-SAUCE 🍃

EXOTISCH

1 Dose Pfirsiche (250 g Abtropf-
  gewicht)
1 rote Zwiebel
1 Knoblauchzehe
1 Stück Ingwer (2 cm lang)
1 Habanero-Chilischote (ersatz-
  weise 1 rote Chilischote)
2 EL Olivenöl
150 ml Ketchup
3 EL Apfelessig

HALTBARKEITS-TIPP

Die heiße Sauce in eine sterilisierte Ketchupflasche füllen
und verschließen. Ungeöffnet
hält sie sich im Kühlschrank
ca. 6 Monate. Mit einem selbst
gemachten Etikett dekoriert ist
die Sauce ein ideales Mitbring-
sel zur nächsten Grillparty.

1 Die Pfirsiche in ein Sieb abgießen und abtropfen lassen, dabei 2 EL Einlegesud auffangen. Zwiebel schälen und in Würfel
schneiden. Knoblauch schälen und in Scheiben schneiden. Ingwer schälen und fein reiben. Chili waschen, halbieren, weiße
Trennwände und Kerne entfernen. Die Hälften fein würfeln.

2 Das Öl in einer Stielkasserolle erhitzen und die Zwiebel
darin bei mittlerer Hitze ca. 2 Min. anschwitzen. Knoblauch,
Ingwer und Chili einrühren und ebenfalls ca. 1 Min. anschwitzen. Ketchup, Pfirsiche und Pfirsichsud zugeben und alles bei
mittlerer Hitze ca. 10 Min. köcheln lassen.

3 Danach Pfirsichmischung und Essig in den Mixer füllen und
verschließen. Den Mixer zuerst auf kleinster Stufe starten, dann
alles auf höchster Stufe in 40–50 Sek. fein pürieren. (Alternativ
die Pfirsichmischung in einen hohen Rührbecher geben und
mit dem Pürierstab fein mixen.) Die Sauce nach Belieben
abkühlen lassen und servieren. Passt zu Fleisch und mediterra-
nem Gemüse vom Grill.

Für 4 Personen • 20 Min. Zubereitung • Pro Portion ca. 80 kcal, 0 g E, 2 g F, 16 g KH

FÜNF-GEWÜRZE-SAUCE

1 Knoblauchzehe
1 TL Sesamöl
150 g TK-Mangowürfel
3 TL Limettensaft
¼ TL Chiliflocken
3 EL Rohrohrzucker
½ TL Fünf-Gewürze-Pulver
Salz

1 Knoblauch schälen und fein hacken. Das Öl in einer Stielkasserolle erhitzen und den Knoblauch darin bei mittlerer Hitze ca. 1 Min. anschwitzen. Mangowürfel, Limettensaft, Chiliflocken, Zucker, Fünf-Gewürze-Pulver, ½ TL Salz und 100 ml Wasser zugeben. Alles abgedeckt bei schwacher Hitze ca. 15 Min. köcheln lassen.

2 Die Mischung danach in den Mixer füllen und verschließen. Den Mixer zuerst auf kleinster Stufe starten, dann alles auf höchster Stufe in 40–50 Sek. fein pürieren. (Alternativ die Zutaten in einen hohen Rührbecher geben und mit dem Pürierstab fein mixen.) Die Sauce passt am besten zu gebackenem und frittiertem Geflügel.

Für 4 Personen • 20 Min. Zubereitung • Pro Portion ca. 105 kcal, 1 g E, 1 g F, 22 g KH

KIWI-KETCHUP

AUS NEUSEELAND

4 reife goldene Kiwis
1 rote Zwiebel
1 rote Paprika
1 rote Chilischote
1 Limette
3 EL Rohrohrzucker
1 TL gemahlener Koriander
2 EL Chipotle-BBQ-Sauce
   (ersatzweise andere Chili-
   Grillsauce)
Salz

1 Kiwis und Zwiebel schälen und grob schneiden. Paprika waschen, vierteln, weiße Trennwände und Kerne entfernen. Die Viertel ebenfalls grob schneiden. Chili waschen, halbieren, weiße Trennwände und Kerne entfernen. Die Hälften grob hacken. Limette auspressen.

2 Eine Schmorpfanne ohne Fett erhitzen. Die Zwiebel- und Paprikastücke darin bei mittlerer Hitze ca. 5 Min. rösten. Kiwis und Chili zugeben und unter gelegentlichem Rühren ca. 5 Min. mitrösten.

3 Die Mischung danach in den Mixer füllen. Limettensaft, Zucker, Koriander, BBQ-Sauce und ½ TL Salz zugeben und verschließen. Den Mixer zuerst auf kleinster Stufe starten, dann alles auf höchster Stufe in 40–50 Sek. fein pürieren. (Alternativ die Zutaten in einen hohen Rührbecher geben und mit dem Pürierstab fein mixen.) Das Ketchup schmeckt zu frittiertem oder gegrilltem Fleisch und ganz besonders zu Pommes frites.

BÉCHAMELSAUCE

GRUNDREZEPT

2 EL Butter
2 EL Mehl
250 ml kalte Milch
1 Lorbeerblatt
1 Msp. gemahlene Nelken
Salz, Pfeffer
frisch geriebene Muskatnuss

MEHR DARAUS MACHEN

Die Béchamel lässt sich mit gehackten Kräutern, Würfelchen aus Tomaten, gegartem Gemüse oder Kochschinken variieren. Mit 50 g geriebenem Käse wird daraus eine Käsesauce, mit 1 TL Senf eine milde Senfsauce und mit 1 TL Meerrettich (aus dem Glas) eine Sauce zu gekochtem Rindfleisch.

1 Die Butter in einem Topf bei mittlerer Hitze schmelzen lassen. Das Mehl darüberstäuben und bei schwacher Hitze 1–2 Min. anschwitzen, jedoch nicht bräunen lassen. Dabei ständig mit dem Schneebesen rühren.

2 Die Milch zugießen, dabei kräftig rühren, damit sich keine Klümpchen bilden. Lorbeerblatt und Nelken zugeben und die Sauce unter ständigem Rühren aufkochen.

3 Die Béchamel dann offen bei schwacher Hitze 5–6 Min. sanft köcheln lassen, dabei immer wieder umrühren. Anschließend das Lorbeerblatt entfernen. Haben sich trotz Rührens Klümpchen gebildet, die Sauce kurz mit dem Pürierstab durchmixen oder durch ein feines Sieb streichen. Dann verrühren und erneut aufkochen.

4 Die Sauce zuletzt mit Wasser verdünnen, bis die gewünschte Konsistenz erreicht ist. Die Béchamel mit Salz, Pfeffer und Muskatnuss abschmecken und servieren. Die Béchamelsauce passt zu Nudeln und Gemüse. Die Sauce ist auch eine wandelbare Zutat für Aufläufe und Lasagne.

Für 4 Personen • 10 Min. Zubereitung • 4 Std. Kühlen • Pro Portion ca. 155 kcal, 2 g E, 13 g F, 9 g KH

Für 2 Flaschen (à 200 ml Inhalt) • 20 Min. Zubereitung • Pro Portion (25 g) ca. 45 kcal, 0 g E, 0 g F, 11 g KH

HAMBURGER-SAUCE 🌿

KLASSIKER

1 Schalotte • 1 Knoblauchzehe • 2 Cornichons (aus dem Glas) • 1 EL Cornichonsud (aus dem Glas) • 60 g Mayonnaise • 1 EL Dijonsenf • 3 EL Ketchup • 1 TL Zucker • Salz

1 Schalotte schälen und in sehr feine Würfel schneiden. Knoblauch schälen und fein hacken. Cornichons sehr fein würfeln. Die Würfelchen dann mit Cornichonsud, Mayonnaise, Senf, Ketchup und Zucker in einer Schüssel verrühren. (Alternativ Schalotte, Knoblauch und Cornichons nur grob hacken, mit den restlichen Zutaten in einen hohen Mixbecher geben und mit dem Pürierstab fein mixen.)

2 Die Sauce zuletzt mit Salz abschmecken und abgedeckt im Kühlschrank mindestens 4 Std. durchziehen lassen. Passt zu Hamburgern, Hotdogs und frittiertem Fisch.

ANANAS-CHILI-SAUCE 🌿

SCHARF

2 Knoblauchzehen • 150 g Zucker • 120 ml Ananassaft • 60 ml Apfelessig • 1 EL Ketchup • 2 TL Chiliflocken • Salz • 1 EL Speisestärke • 2 Flaschen (à 200 ml Inhalt)

1 Knoblauch schälen und fein hacken. Dann mit Zucker, Ananassaft, Essig, Ketchup, Chiliflocken und 1 TL Salz in eine Stielkasserolle geben und bei mittlerer Hitze aufkochen.

2 Die Stärke mit 2 EL kaltem Wasser verquirlen und mit dem Schneebesen in die Sauce rühren. Die Sauce unter Rühren aufkochen und ca. 1 Min. kochen lassen. Die heiße Sauce in die sterilisierten Flaschen füllen und verschließen. Sie hält sich ungeöffnet im Kühlschrank ca. 6 Monate und passt zu gegrillten, gebackenen oder frittierten Hähnchenkeulen und -flügeln.

Für 2 Flaschen (à 250 ml Inhalt) • 15 Min. Zubereitung •
Pro Portion (25 g) ca. 45 kcal, 1 g E, 0 g F, 10 g KH

Für 4 Personen • 10 Min. Zubereitung •
Pro Portion ca. 200 kcal, 7 g E, 13 g F, 13 g KH

TONKATSU-SAUCE 🌢

AUS JAPAN

8 Softpflaumen • ½ Apfel (Granny Smith) •
200 ml Worcester-Sauce • 4 EL Sojasauce •
2 EL Mirin (jap. süßer Reiswein, ersatzweise
Pflaumensaft) • 2 EL Rohrohrzucker •
200 ml Ketchup • 2 Flaschen (à 250 ml Inhalt)

1 Pflaumen grob zerkleinern. Apfel schälen,
vierteln, entkernen und in Stücke schneiden.
Früchte, Worcester- und Sojasauce, Mirin und
Zucker in eine Stielkasserolle geben und bei
mittlerer Hitze unter Rühren aufkochen. Ketchup
zufügen, aufkochen und vom Herd nehmen.

2 Die Mischung mit dem Pürierstab fein mixen
und durch ein feines Sieb streichen. Die heiße
Sauce in die sterilisierten Flaschen füllen und verschließen. Sie hält sich im Kühlschrank ca. 4 Wochen und passt zu Hähnchenschnitzeln (Katsu),
Frühlingsrollen, Dim Sum und gekochtem Fisch.

TERIYAKI-ERDNUSS-SAUCE 🌢

AUS JAPAN

100 g Erdnusskerne (geröstet und gesalzen) •
2 Limetten • 160 ml Teriyaki-Sauce • 2 EL Ho-
nig • 2 TL Chiliflocken

1 Erdnüsse hacken. Dann in ein feines Sieb
geben, unter fließendem Wasser abspülen und
abtropfen lassen. Limetten auspressen.

2 Erdnüsse, Teriyaki-Sauce, Honig und Chiliflocken in eine Stielkasserolle geben und bei mittlerer Hitze aufkochen. Den Limettensaft einrühren,
die Sauce vom Herd nehmen und abkühlen
lassen. Passt zu gegrillten oder gebratenen
Fleisch- und Gemüsespießen.

SCHNELLE HOLLANDAISE 🍃

KLASSIKER

150 g Butterschmalz
2 Eier (M)
4 EL Weißwein
¼ TL mittelscharfer Senf
Salz, Pfeffer

GUT ZU WISSEN

Die Hollandaise lässt sich im heißen Wasserbad (55–60°) ca. 30 Min. warm halten. Da die Sauce jedoch mit rohem Eigelb und Butter zubereitet und nicht gekocht wird, Reste auf keinen Fall aufheben!

1 Das Butterschmalz in einem kleinen Topf schmelzen und einmal aufkochen lassen. Vom Herd nehmen und das flüssige Butterschmalz in einen Messbecher mit Ausgießer umfüllen.

2 Eier trennen und die Eigelbe in einen hohen Rührbecher geben (die Eiweiße anderweitig verwenden). Die Eigelbe mit dem Pürierstab schaumig schlagen. Wein, Senf, ½ TL Salz und 2 Prisen Pfeffer zugeben und untermixen.

3 Die Eigelbmasse dann mit dem Pürierstab durchmixen und dabei die Hälfte vom Butterschmalz in einem dünnen Strahl zulaufen lassen. Das restliche Butterschmalz beiseitestellen und die Hollandaise mit dem Pürierstab einmal gut durchmixen.

4 Danach das restliche Butterschmalz langsam unter die Hollandaise mixen. Die Sauce zuletzt mit Salz und Pfeffer abschmecken und servieren. Die Hollandaise passt zu gekochtem oder frittiertem Fisch und besonders gut zu Gemüse wie Spargel, Blumenkohl und Brokkoli.

Für 3 Gläser (à 250 ml Inhalt) • 20 Min. Zubereitung • 30 Min. Kochen •
Pro Portion (50 g) ca. 60 kcal, 1 g E, 0 g F, 15 g KH

KÜRBIS-RELISH 🍃

EXOTISCH

500 g Kürbis (Hokkaido oder
*   Kabocha)*
2 Stängel Zitronengras
1 Stück Ingwer (2 cm lang)
2 Knoblauchzehen
1 rote Chilischote
100 ml Reisessig
150 ml Pflaumensaft
150 ml Apfelsaft
120 g Zucker
1 Sternanis
Salz, Pfeffer

AUSSERDEM

3 Twist-off-Gläser (à 250 ml
*   Inhalt)*

1 Kürbis schälen, die Kerne herausschaben und das Fruchtfleisch in 1 cm große Würfel schneiden. Vom Zitronengras das Wurzelende abschneiden, die Hüllblätter entfernen und die untere weiche Hälfte fein schneiden. Ingwer schälen und fein reiben. Knoblauch schälen und fein hacken. Chili waschen, halbieren, weiße Trennwände und Kerne entfernen. Die Hälften fein schneiden.

2 Essig, Pflaumen- und Apfelsaft, Zucker, Sternanis, ½ TL Salz und 2 Prisen Pfeffer in einer Stielkasserolle bei mittlerer Hitze aufkochen. Zitronengras, Ingwer, Knoblauch und Chili ca. 5 Min. mitkochen.

3 Die Kürbiswürfel einrühren und alles unter gelegentlichem Rühren 20–25 Min. weiterkochen lassen. Das Relish zuletzt mit Salz und Pfeffer abschmecken. Heiß in die sterilisierten Gläser füllen und verschließen. Es hält sich im Kühlschrank ca. 6 Monate und passt zu gebratener Hähnchenbrust und Fladenbrot.

Für 2 Gläser (à 200 ml Inhalt) • 20 Min. Zubereitung • 20 Min. Kochen •
Pro Portion (50 g) ca. 65 kcal, 1 g E, 3 g F, 9 g KH

BARBECUE-CHUTNEY 🌿

ZUM GRILLEN

4 rote Zwiebeln
½ Möhre
1 Stück Ingwer (2 cm lang)
2 EL Rapsöl
2 EL Tamarindenpaste
3 EL Rohrohrzucker
1 EL Sojasauce
1 TL Senfsamen
½ TL geräuchertes Paprikapulver
2 Msp. gemahlene Nelken
Salz, Pfeffer

AUSSERDEM
2 Twist-off-Gläser (à 200 ml
  Inhalt)

1 Zwiebeln schälen und fein würfeln. Möhre schälen und grob raspeln. Ingwer schälen und fein reiben.

2 Das Öl in einer Stielkasserolle erhitzen und die Zwiebeln darin bei mittlerer Hitze ca. 3 Min. unter Rühren anschwitzen. Möhre und Ingwer zugeben und ebenfalls ca. 3 Min. anschwitzen. Tamarindenpaste, Zucker, Sojasauce, Senfsamen, Paprikapulver, Nelken, ½ TL Salz, ¼ TL Pfeffer und 150 ml Wasser zufügen. Alles abgedeckt bei schwacher Hitze ca. 20 Min. köcheln lassen.

3 Das heiße Chutney in die sterilisierten Gläser füllen und verschließen. Es hält sich im Kühlschrank ca. 6 Monate und passt zu gegrillten Gerichten oder als Basis in ein Gulasch.

Für 4 Personen • 15 Min. Zubereitung • Pro Portion ca. 350 kcal, 1 g E, 38 g F, 2 g KH

MAYONNAISE OHNE EI

GRUNDREZEPT

40 ml ungesüßter Sojadrink
1 TL mittelscharfer Senf
1 TL Zitronensaft
160 ml Rapsöl
1 TL Honig
Salz, Pfeffer

1 Sojadrink, Senf und Zitronensaft in den Mixer füllen und verschließen. Den Mixer zuerst auf kleinster Stufe ca. 30 Sek. laufen lassen. Dann bei laufendem Motor das Öl langsam durch die Deckelöffnung dazugießen. (Alternativ Sojadrink, Senf, Zitronensaft und Öl in einen hohen Rührbecher geben und mit dem Pürierstab mixen.)

2 Die Mayonnaise mit Honig, ¼ TL Salz und 2 Prisen Pfeffer würzen. Passt zu Hotdogs, Pommes frites, frittiertem Gemüse und Fisch oder als Zutat in andere Saucen.

GU CLOU

Diese Mayonnaise braucht kein Ei – im Gegensatz zum Klassiker. Denn das im Sojadrink enthaltene Sojalecithin übernimmt hier die Rolle des Emulgators und macht die Mayo schön cremig.

Für 2 Flaschen (à 200 ml Inhalt) • 20 Min. Zubereitung • 25 Min. Kochen • 2 Wochen Ruhen •
Pro Portion (5 g) ca. 3 kcal, 0 g E, 0 g F, 0 g KH

ROTE PFEFFERSAUCE

SCHARF

12 sehr reife rote Jalapeño-
    Chilischoten
2 Knoblauchzehen
2 rote Zwiebeln
1 TL Rapsöl
Salz
240 ml Apfelessig

AUSSERDEM
2 Twist-off-Flaschen (à 200 ml
    Inhalt)

1 Chilis waschen, vierteln und den Stiel entfernen. Knoblauch schä-len und grob hacken. Zwiebeln schälen und in feine Streifen schnei-den. Öl in einer Stielkasserolle erhitzen und alles darin bei mittlerer Hitze in ca. 3 Min. hell anschwitzen. 500 ml Wasser und 1 TL Salz zugeben, aufkochen und unter gelegentlichem Rühren 20–25 Min. kochen lassen, bis fast die ganze Flüssigkeit verkocht ist.

2 Chilimischung und Essig in den Mixer füllen und verschließen. Den Mixer zuerst auf kleinster Stufe starten, dann alles auf höchster Stufe in 40–50 Sek. fein pürieren. (Alternativ die Zutaten in einem hohen Rührbecher mit dem Pürierstab fein mixen.)

3 Die Sauce durch ein feines Sieb streichen, in die sterilisierten Flaschen füllen und verschließen. Bei Raumtemperatur mindestens 2 Wochen ruhen lassen. Hält sich im Kühlschrank ca. 6 Monate. Be-reits wenige Tropfen schärfen Eintopf, Burger, Marinade oder Sauce.

Für 4 Personen • 20 Min. Zubereitung • Pro Portion ca. 175 kcal, 3 g E, 11 g F, 17 g KH

SESAMSAUCE MIT ZITRONE

LAKTOSEFREI

½ Zitrone
3 EL Rohrohrzucker
2 EL Tahin (Sesampaste)
250 ml Geflügelbrühe
2 EL geröstetes Sesamöl
3 EL Sojasauce
2 TL Speisestärke
2 EL Sesam
Salz, Pfeffer

1 Die Zitrone auspressen. Den Saft mit Zucker, Tahin und Brühe in eine Stielkasserolle geben und bei mittlerer Hitze aufkochen.

2 Inzwischen Öl, Sojasauce und Speisestärke in einer kleinen Schüssel verquirlen. Die Mischung mit dem Schneebesen zügig in die Sauce rühren und alles unter Rühren aufkochen. Den Sesam zugeben und die Sauce ca. 1 Min. weiterkochen lassen.

3 Die Sauce mit Salz und Pfeffer abschmecken und servieren. Passt zu Lauchgemüse, Pak Choi oder als Basis in ein Pilzragout.

1

2

3

DUNKLE BRATENSAUCE

GRUNDREZEPT

4

5

6

Für 350 ml • 40 Min. Zubereitung • 2 Std. Kochen • Pro Portion ca. 80 kcal, 2 g E, 3 g F, 7 g KH

1 EL Rapsöl
600 g Kalbsknochen (beim Metzger
    vorbestellen und in Stücke
    hacken lassen)
1 Bund Suppengrün (Möhre,
    Lauch, Sellerie)
2 rote Zwiebeln
2 EL Tomatenmark
100 ml trockener Rotwein
1 Lorbeerblatt
5 Pfefferkörner
2 Knoblauchzehen
2 Zweige Thymian
Salz

GUT ZU WISSEN

Im Kühlschrank geliert die Sauce und das Fett härtet an der Oberfläche aus. So lässt es sich leicht mit einem Löffel abnehmen – und die Bratensauce ist praktisch fettfrei.

1 Das Öl in einem großen Topf erhitzen und die Knochen darin bei schwacher Hitze in ca. 15 Min. rundum kräftig dunkelbraun anrösten (Bild 1). Je dunkler die Knochen geröstet sind, desto kräftiger wird die Sauce.

2 Inzwischen das Suppengrün waschen, putzen und in 2 cm große Stücke schneiden. Zwiebeln schälen und vierteln. Suppengrün und Zwiebeln zu den Knochen geben und ca. 10 Min. mitrösten (Bild 2). Tomatenmark einrühren und ebenfalls ca. 5 Min. mitrösten. Mit Wein ablöschen, Lorbeer und Pfefferkörner zugeben, Knoblauch samt Schale zerdrücken und zufügen. 500 ml Wasser zugießen und alles offen bei mittlerer Hitze in 25–28 Min. sämig einkochen lassen (Bild 3).

3 Erneut 500 ml Wasser zugießen und ca. 30 Min. reduzieren lassen. Danach 1,5 l Wasser zugießen, den Thymian waschen und mit 1 TL Salz zugeben. Die Flüssigkeit in ca. 1 Std. auf ca. 600 ml reduzieren lassen (Bild 4).

4 Die Knochenmischung durch ein feines Sieb in einen Topf abgießen und die Sauce auffangen (Bild 5). Die aufgefangene Sauce dann bei starker Hitze auf 350 ml reduzieren lassen. Die fertige Sauce in einen Behälter füllen und abkühlen lassen (Bild 6). Hält sich abgedeckt im Kühlschrank ca. 4 Wochen.

5 Die Sauce kann für alle Fleischgerichte verwendet werden, bei deren Zubereitung keine Sauce entsteht, z. B. Steaks. Sie lässt sich mit Sahne verfeinern; grüner Pfeffer, gebratene Pilze, Speckwürfel oder Zwiebeln verleihen ihr zusätzlich Geschmack. Für Schmorbraten dient sie als Basis für eine kräftige Sauce.

ZU DESSERT & SÜSSSPEISE

Für 4 Personen • 20 Min. Zubereitung • 15 Min. Quellen • Pro Portion ca. 100 kcal, 2 g E, 2 g F, 18 g KH

APFEL-KIWI-SAUCE 🍃

ZUM BRUNCH

25 g TK-Blattspinat
1 grüner Apfel
2 Kiwis
1 Vanilleschote
50 g Zucker
2 EL Zitronensaft
2 EL Chia-Samen

GUT ZU WISSEN

Die Chia-Samen benötigen ca. 15 Min., um aufzuquellen und eine gelartige Struktur zu bilden. Gleichzeitig binden sie dabei die Sauce.

1 Den Spinat in den Mixer geben und ca. 10 Min. antauen lassen. In der Zwischenzeit den Apfel waschen, vierteln und das Kerngehäuse entfernen. Die Viertel dann in grobe Stücke schneiden. Kiwis schälen und grob zerkleinern. Vanilleschote längs aufschlitzen und das Mark herauskratzen.

2 Apfel- und Kiwistücke, Vanillemark, Zucker, Zitronensaft, Chia-Samen und 50 ml Wasser zum Spinat in den Mixer geben und verschließen. Den Mixer zuerst auf kleinster Stufe starten, dann alles auf höchster Stufe in 40–50 Sek. fein pürieren. (Alternativ die Zutaten in einen hohen Rührbecher geben und mit dem Pürierstab fein mixen.)

3 Die Sauce in eine Servierschale füllen und ca. 15 Min. quellen lassen. Danach nochmals durchrühren, nach Belieben mit Zucker abschmecken und servieren. Die Apfel-Kiwi-Sauce passt zu frisch gebackenen Waffeln und Crêpes.

Für 4 Personen • 20 Min. Zubereitung • Pro Portion ca. 200 kcal, 3 g E, 15 g F, 13 g KH

HEIDELBEER-MINZ-SAUCE 🌿

SOMMER-REZEPT

250 g Heidelbeeren (ersatz-
weise TK-Heidelbeeren)
20 Minzeblätter
50 g blanchierte Mandeln
2 EL Zitronensaft
3 EL Honig
3 EL Traubenkernöl
Salz

1 Die Heidelbeeren behutsam waschen und abtropfen lassen (TK-Beeren vorher nach Packungsangabe auftauen lassen). Die Minzeblätter waschen und trocken tupfen.

2 Heidelbeeren, Minze, Mandeln, Zitronensaft, Honig, Öl und 1 Prise Salz in den Mixer geben und verschließen. Den Mixer zuerst auf kleinster Stufe starten, dann alles auf höchster Stufe in 40–50 Sek. fein pürieren. (Alternativ die Zutaten in einen hohen Rührbecher geben und mit dem Pürierstab fein mixen.)

3 Die Sauce in eine Servierschale füllen und servieren. Passt zu frittierten Apfelbeignets, Sahnetorten oder süßen Aufläufen.

Für 4 Personen • 20 Min. Zubereitung • Pro Portion ca. 295 kcal, 1 g E, 0 g F, 72 g KH

KIRSCHSAUCE 🍃

GUT VORZUBEREITEN

450 g Süßkirschen
225 g Zucker
2 EL Zitronensaft
Salz
2 TL Speisestärke

1 Die Kirschen waschen, entstielen, halbieren und entsteinen. Kirschen, Zucker, Zitronensaft und 1 Prise Salz mit 150 ml Wasser in eine Stielkasserolle geben. Bei mittlerer Hitze aufkochen, dann bei schwacher Hitze ca. 5 Min. köcheln lassen, dabei häufig umrühren.

2 Inzwischen Stärke und 60 ml Wasser in einer kleinen Schüssel verquirlen. Die Mischung unter Rühren zu den Kirschen gießen und alles bei schwacher Hitze 5–8 Min. weiterköcheln lassen.

3 Die Kirschmasse danach in den Mixer füllen und verschließen. Den Mixer zuerst auf kleinster Stufe starten, dann alles auf höchster Stufe in 40–50 Sek. fein pürieren. (Alternativ die Zutaten in einen hohen Rührbecher geben und mit dem Pürierstab fein mixen.) Den Kirschsirup warm oder kalt servieren. Passt zu Pudding, Creme und Flammeri oder als Füllung in eine Torte.

Für 4 Personen • 20 Min. Zubereitung •
Pro Portion ca. 245 kcal, 3 g E, 19 g F, 14 g KH

Für 4 Personen • 20 Min. Zubereitung •
Pro Portion ca. 340 kcal, 4 g E, 26 g F, 21 g KH

KOKOS-KARAMELL-SAUCE ◐

VEGAN

400 ml Kokosmilch (aus der Dose) • 50 g Roh-rohrzucker • ¼ TL gemahlene Vanille • Salz

1 Kokosmilch, Zucker, Vanille und 1 Prise Salz in einer Stielkasserolle verrühren. Alles bei mittlerer Hitze aufkochen und ca. 3 Min. kochen lassen. Die Mischung dann bei schwacher Hitze noch 10–15 Min. weiterköcheln und dabei auf ca. 150 ml reduzieren lassen.

2 Die Sauce in eine Servierschale füllen und abkühlen lassen. Sie hält sich im Kühlschrank ca. 4 Tage. Passt zu Schokoladeneis.

KAFFEESAUCE MIT KNUSPER ◐

HERBST-REZEPT

125 ml frisch gekochter Espresso • 50 g Zucker • 80 g Zartbitter-Schokolade • 2 TL ungeschälter Sesam • 200 g Sahne • 2 TL gehackte Pistazien

1 Espresso und Zucker in einer Stielkasse-rolle bei mittlerer Hitze aufkochen und offen ca. 5 Min. weiterkochen lassen. In der Zwischen-zeit die Schokolade in Stücke brechen. Den Sesam in einer beschichteten Pfanne ohne Fett rösten, bis er duftet.

2 Den Espresso vom Herd nehmen, die Sahne einrühren und die Schokostücke darin schmelzen lassen. Dann Sesam und Pistazien unterheben. Die Sauce in eine Servierschale füllen und abküh-len lassen. Passt zu Vanille- oder Schokocreme.

Für 4 Personen • 15 Min. Zubereitung •
Pro Portion ca. 585 kcal, 10 g E, 36 g F, 56 g KH

Für 4 Personen • 15 Min. Zubereitung •
Pro Portion ca. 325 kcal, 2 g E, 24 g F, 25 g KH

SCHOKOLADEN-SAUCE ◖

KLASSIKER

MARSHMALLOW-SAUCE ◖

FÜR KINDER

60 g Zartbitter-Schokolade • 380 g gesüßte Kondensmilch (z. B. Milchmädchen) • 100 g Sahne • 60 g Butter • 1 EL Kakaopulver

300 g Sahne • 100 g weiße Marshmallows • 2 TL Speisestärke

1 Schokolade fein hacken. Kondensmilch, Sahne und Butter in einer Stielkasserolle bei mittlerer Hitze unter Rühren aufkochen. Schokolade und Kakao zugeben und unter Rühren in der Kondensmilch schmelzen lassen.

1 Sahne und Marshmallows in einem Topf erwärmen und vollständig schmelzen lassen. Dabei gelegentlich umrühren. Inzwischen Stärke und 50 ml Wasser mit dem Schneebesen verquirlen, dann in die Marshmallow-Sahne rühren.

2 Die Sauce in eine Servierschale füllen und sofort servieren oder zum Aufbewahren in eine Glasflasche füllen. Sie hält sich im Kühlschrank ca. 3 Tage. Die Sauce schmeckt warm oder kalt zu Eis oder als Dip zu Butterkeksen. Vor dem Servieren eventuell wieder sanft erwärmen.

2 Die Marshmallow-Sahne bei mittlerer Hitze unter Rühren aufkochen und ca. 1 Min. kochen lassen. Die Sauce danach abkühlen lassen und sofort servieren oder zum Aufbewahren in einen luftdichten Behälter füllen. Sie hält sich im Kühlschrank ca. 1 Woche und passt als Dip zu knusprigem Gebäck.

FEINE VANILLESAUCE 🌿

KLASSIKER

1 Vanilleschote
500 ml Milch (3,5 % Fett)
60 g Zucker
1 TL Speisestärke
4 Eigelb (M)
Salz

GU CLOU

Ein Löffelchen Speisestärke macht diese Vanillesauce gelingsicher. Die Stärke sorgt dafür, dass die Sauce beim Erhitzen gut bindet und nicht gerinnt. Das passiert leider häufig, wenn die Sauce nur mit Eigelben zubereitet wird. Die gewohnte zartgelbe Farbe geben ihr die Eigelbe aber trotzdem.

1 Die Vanilleschote längs aufschlitzen und das Mark herauskratzen. Die Milch in einen Topf gießen. Vom Zucker 1 EL abnehmen und beiseitestellen. Restlichen Zucker und Speisestärke mit einem Schneebesen in die Milch rühren. Vanilleschote und -mark zugeben und alles langsam bei mittlerer Hitze aufkochen. Die Milch vom Herd nehmen und ca. 5 Min. ziehen lassen. Danach die Vanilleschote entfernen.

2 Eigelbe, übrigen Zucker und 1 Prise Salz in einer Schüssel verquirlen. Nacheinander 3 EL heiße Vanillemilch kräftig unterrühren. Die Eigelbmischung dann unter Rühren zur restlichen Vanillemilch in den Topf gießen.

3 Die Vanillemilch jetzt bei mittlerer Hitze unter ständigem Rühren mit einem Gummispatel oder Kochlöffel erwärmen, bis sie bindet und cremig wird (»zur Rose abziehen«). Zur Probe einen Löffel eintauchen und auf den Löffelrücken pusten. Bildet sich eine Blütenform, ist die Sauce fertig. Vorsicht: Die Sauce darf nicht aufkochen, sonst gerinnen die Eigelbe.

4 Die fertige Sauce durch ein feines Sieb in ein Kännchen gießen und mit Frischhaltefolie abdecken, damit sich keine Haut bildet. Die Sauce kalt stellen und abgekühlt zu Schokoladenpudding, Eis oder Crumble servieren.

REGISTER

Vegetarische Rezepte, die im Buch mit einem 🌢 gekennzeichnet sind, sind hier grün abgesetzt.

Abkürzungsverzeichnis:
E = Eiweiß
EL = Esslöffel
(gestrichen)
F = Fett
kcal = Kilokalorien
KH = Kohlenhydrate
Msp. = Messerspitze
Pck. = Päckchen
TK = Tiefkühl
TL = Teelöffel
(gestrichen)
Ø = Durchmesser

Projektleitung: Vanessa Lotz
Lektorat: Petra Teetz
Korrektorat: Jutta Friedrich
Gesamtgestaltung: independent Medien-Design, München: Horst Moser (Artdirection), Lucie Heselich, Svenja Wamser
Herstellung: Renate Hutt
Satz: Kösel, Krugzell
Reproduktion: medienprinzen GmbH, München
Druck und Bindung: Firmengruppe APPL, aprinta druck, Wemding
Syndication:
www.seasons.agency
Printed in Germany

1. Auflage 2019
ISBN 978-3-8338-7075-0

www.facebook.com/gu.verlag

GRÄFE UND UNZER

Ein Unternehmen der
GANSKE VERLAGSGRUPPE

DER AUTOR

Nico Stanitzok ist Koch, Kochbuchautor und Blogger. Er liebt unkomplizierte Rezepte, besonders, wenn sie als Sauce jedes Gericht veredeln. Im GRÄFE UND UNZER VERLAG sind bereits mehrere erfolgreiche Titel von Ihm erschienen. Mehr von ihm unter www.nicostanitzok.de

DIE FOTOGRAFIN

Vivi d'Angelo hegt eine Leidenschaft für gutes Essen und hat ein Händchen dafür, jedes Gericht im besten Licht zu präsentieren. **Ana Novais** (Foodstyling) unterstützte sie im Studio bei der Fotoproduktion.

BILDNACHWEIS

Vivi d'Angelo: S. 06–59 und Stepfotos auf den Klappen
Coco Lang (Foodstyling Akos Neuberger): S. 01, 05 und Stillleben auf den Klappen
Autorenfoto: privat
Coverfoto: Kathrin Koschitzki

Umwelthinweis:
Dieses Buch ist auf PEFC-zertifiziertem Papier aus nachhaltiger Waldwirtschaft gedruckt.

LIEBE LESERINNEN UND LESER,

wir wollen Ihnen mit diesem Buch Informationen und Anregungen geben, um Ihnen das Leben zu erleichtern oder Sie zu inspirieren, Neues auszuprobieren. Wir achten bei der Erstellung unserer Bücher auf Aktualität und stellen höchste Ansprüche an Inhalt und Gestaltung. Alle Anleitungen und Rezepte werden von unseren Autoren, jeweils Experten auf ihrem Gebiet, gewissenhaft erstellt und von unseren Redakteuren/innen mit größter Sorgfalt ausgewählt und geprüft.

Haben wir Ihre Erwartungen erfüllt? Sind Sie mit diesem Buch und seinen Inhalten zufrieden? Haben Sie weitere Fragen zu diesem Thema? Wir freuen uns auf Ihre Rückmeldung, auf Lob, Kritik und Anregungen, damit wir für Sie immer besser werden können. Und wir freuen uns, wenn Sie diesen Titel weiterempfehlen, in Ihrem Freundeskreis oder online.

Sollten wir Ihre Erwartungen so gar nicht erfüllt haben, tauschen wir Ihnen Ihr Buch jederzeit gegen ein gleichwertiges zum gleichen oder ähnlichen Thema um.

KONTAKT

GRÄFE UND UNZER VERLAG
Leserservice
Postfach 86 03 13
81630 München
E-Mail: leserservice@graefe-und-unzer.de

Telefon: 0 08 00 / 72 37 33 33*
Telefax: 0 08 00 / 50 12 05 44*
Mo – Do: 9.00 – 17.00 Uhr
Fr: 9.00 – 16.00 Uhr (*gebührenfrei in D,A,CH)

APPETIT AUF MEHR?

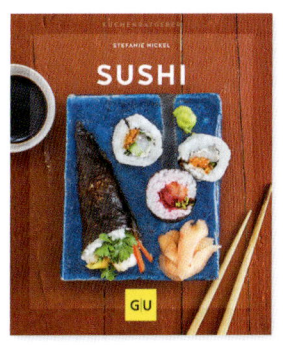

ISBN 978-3-8338-7072-9

ISBN 978-3-8338-6153-6

ISBN 978-3-8338-6614-2

ISBN 978-3-8338-6617-3

ISBN 978-3-8338-6700-2

ISBN 978-3-8338-4430-0

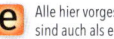 Alle hier vorgestellten Bücher
sind auch als eBook erhältlich.

DIE »GU KOCHEN PLUS«-APP

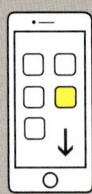

1 APP HERUNTERLADEN

Laden Sie die kostenlose »GU Kochen Plus«-App im Apple App Store oder im Google Play Store auf Ihr Smartphone. Starten Sie die App und wählen Sie Ihren Küchenratgeber aus.

2 REZEPTBILD SCANNEN

Scannen Sie das gewünschte Rezeptbild mit der Kamera Ihres Smartphones. Klicken Sie im Display die Funktion Ihrer Wahl.

3 FUNKTIONEN NUTZEN

Sammeln Sie Ihre Lieblingsrezepte. Speichern und verschicken Sie Ihre Einkaufslisten. Oder nutzen Sie den praktischen Supermarkt-Finder und den Rezept-Planer.